I0342481

www.ingramcontent.com/pod-product-compliance
Lightning Source LLC
Chambersburg PA
CBHW030005300426
43661CB00142B/1482/J
* 9 7 8 1 9 5 1 3 7 3 0 8 5 *